Grandes Découvertes | numéro **13**

PEDRO ÁLVARES CABRAL,
SUR LES PAS DE VASCO DE GAMA

— Le Brésil au hasard des alizés

par Romain Parmentier

50MINUTES

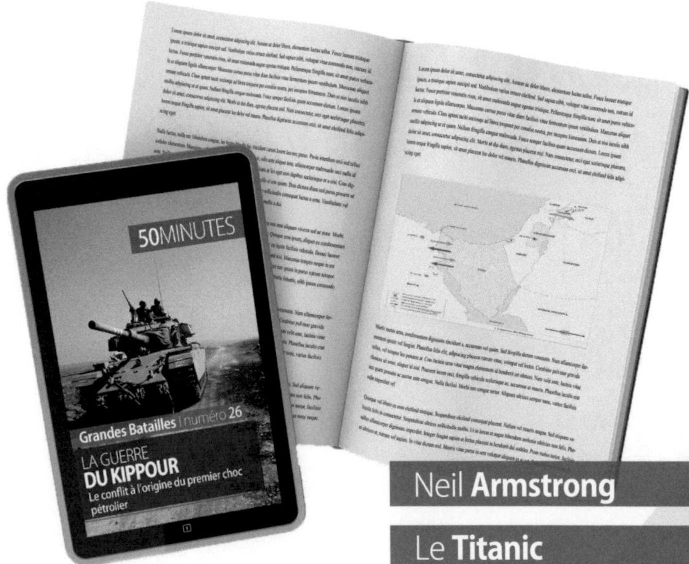

PEDRO ÁLVARES CABRAL

- **Naissance ?** Vers 1467 à Belmonte (royaume du Portugal).
- **Décès ?** Vers 1520 à Santarém (royaume du Portugal).
- **Contexte ?** Les grandes découvertes.
- **But de l'expédition ?** Rejoindre les Indes par la route maritime des épices.
- **Régions du monde explorées ?**
  - Le Brésil.
  - Le Mozambique.
  - La Tanzanie.
  - Le Kenya.
  - L'Inde.
- **Découverte notoire ?** Le Brésil.

Le 9 mars 1500, une flotte de 13 navires avec à son bord 1 500 hommes quitte Lisbonne en direction des Indes. À sa tête, Pedro Álvares Cabral, un aristocrate portugais issu d'une riche famille noble. C'est la première fois qu'il se voit confier le commandement de navires, et rien dans son parcours au service du roi du Portugal ne l'a préparé à ce qui l'attend. Inexpérimenté, il entend néanmoins relever le défi.

L'objectif de l'expédition est clair : il s'agit de suivre la route maritime des Indes récemment découverte par Vasco de Gama (navigateur portugais, 1469-1524) et de consolider les relations commerciales entre le Portugal et les Indes. L'enjeu est de taille pour le royaume du Portugal, qui souhaite s'emparer du commerce des épices, alors prospère et incontournable. C'est également l'occasion d'éliminer l'intermédiaire ottoman dans le commerce des denrées orientales.

Le voyage n'est pas de tout repos pour Cabral. Les vents violents et les tempêtes ont raison de plusieurs de ses navires, dont quatre coulent au large du cap de Bonne-Espérance. Aux Indes, ce sont les animosités arabes et les traîtrises qui mettent en danger la réussite de son expédition. Toutefois, le navigateur ne se laisse pas abattre et soumet par la force les ennemis du Portugal. Sa mission, couronnée de succès, permet surtout de découvrir le Brésil, synonyme de prospérité pour les Portugais.

BIOGRAPHIE

AU SERVICE DU ROI

Issu de la riche noblesse portugaise, Pedro Álvares Cabral naît vers 1467 à Belmonte, au Portugal. Fils de Fernao Cabral (mort en 1493), il est le deuxième d'une famille de onze enfants. De son enfance, on sait très peu de chose. Il est toutefois clairement établi que sa famille est héritière d'une longue tradition de service auprès de la cour du roi. C'est donc naturellement qu'à l'âge de 17 ans Cabral se met à la disposition du roi Jean II (1455-1495). À la mort de ce dernier, il poursuit son service auprès de Manuel Ier (1469-1521) avec lequel il entretient de bonnes relations. En 1497, le roi le nomme d'ailleurs *fidalgo* (« conseiller »), lui octroyant l'habit de l'ordre militaire du Christ ainsi qu'une rente personnelle.

SUR LES PAS DE VASCO DE GAMA

En 1499, Vasco de Gama rentre triomphalement à Lisbonne après avoir trouvé la route maritime qui mène aux Indes. Pour le navigateur, il est crucial d'envoyer au plus vite une nouvelle flotte afin de consolider les acquis réalisés. Mais le périple a été long et difficile, et il souhaite se reposer. C'est alors Pedro Álvares Cabral qui est désigné pour commander ce second voyage, bien qu'il n'ait reçu aucune formation à la navigation et n'ait jamais entrepris un tel voyage.

Le 9 mars 1500, Pedro Álvares Cabral prend la tête d'une flotte de 13 navires, avec pour objectif de suivre la route ouverte par Vasco de Gama et de renforcer les relations commerciales avec les Indes. Suivant les indications de son prédécesseur, le navigateur descend vers le sud-ouest afin de profiter des alizés. Mais ces vents le font dériver plus à l'ouest que prévu. Le 22 avril 1500, Cabral découvre le territoire qui le rendra célèbre : le Brésil. Poursuivant ensuite sa route vers le cap de Bonne-Espérance, le navigateur est alors confronté, à la fin du mois de mai, à une terrible tempête qui lui fait perdre quatre navires. Enfin, le 13 septembre, la flotte atteint Calicut (Inde) où il établit un comptoir commercial avec l'accord des autorités locales. La paix est toutefois de courte durée, car, en décembre, le comptoir est attaqué par des Arabes. En représailles, Cabral ordonne le bombardement de la ville pendant une journée. Le navigateur quitte ensuite la ville pour Cochin, où il peut créer un comptoir commercial dans de bonnes conditions. Chargée d'épices, la flotte portugaise prend la route du retour le 16 janvier 1501, et arrive au Portugal le 21 juillet.

RETOUR À LA VIE QUOTIDIENNE

Le succès commercial de l'expédition pousse le roi à envoyer une nouvelle flotte au plus vite. Pendant huit mois, Cabral prépare donc les navires, mais le commandement est attribué in extremis à Vasco de Gama. Pour le navigateur, c'est une véritable offense. Il décide aussitôt de quitter la cour et de se consacrer à la gestion de ses possessions près de Santarém. Se retirant de toute affaire publique, Pedro Álvares Cabral se marie en 1502 et a six enfants. Il meurt vers 1520.

CONTEXTE POLITIQUE, SOCIAL ET ÉCONOMIQUE

LES PREMIÈRES EXPÉDITIONS PORTUGAISES

Loin d'être une expédition isolée, le voyage de Cabral s'inscrit plus largement dans un contexte d'exploration maritime qui caractérise l'Europe à l'époque moderne. C'est l'époque des grandes découvertes, qui marquent progressivement l'ouverture et la domination du continent européen sur le reste de monde. Le Portugal, partie prenante de ce mouvement, est un véritable précurseur en la matière.

À la fin du XIVe siècle, le Portugal assure définitivement son indépendance vis-à-vis de la Castille et a pu mettre fin à la *Reconquista* plusieurs décennies avant l'Espagne. Dès lors, plus rien n'empêche le jeune royaume d'entreprendre son expansion sur les mers. Véritable figure de proue de cette politique d'exploration, l'infant Henri le Navigateur (1394-1460) consacre sa vie entière à initier et à financer les expéditions portugaises. Passionné de géographie, le jeune prince s'entoure de savants et fonde une école de navigation à Sagres (cap Saint-Vincent) où il favorise les avancées technologiques dans le domaine maritime. Les enjeux sont en effet nombreux :

- ne pouvant étendre davantage sa domination dans la péninsule ibérique, le Portugal n'a d'autre choix que d'obtenir des possessions outre-mer pour son commerce ;
- son approvisionnement en denrées agricoles est de même limité, ce qui implique la recherche de nouveaux marchés et de nouveaux territoires ;

- à l'instar d'autres pays européens, le Portugal est également confronté à une diminution de ses réserves en or et en argent suite au tarissement des gisements européens et à la fuite des métaux vers l'Orient, fruit du commerce des denrées asiatiques. La nécessité de trouver de nouvelles sources de métaux précieux devient capitale sous peine d'étouffer l'économie ;
- la lutte contre les musulmans est loin d'être terminée. Bon nombre d'Européens espèrent dès lors trouver le mythique royaume du prêtre Jean afin d'y trouver des alliés pour mener une ultime croisade contre les musulmans.

Tout au long du XVe siècle, les expéditions portugaises se multiplient. La première conquête remonte à l'année 1415 avec la prise de Ceuta au Maroc. Les Portugais s'emparent ensuite de Madère (archipel du Portugal) en 1418 et des Açores en 1427. Progressivement, ils s'approprient les côtes de l'Afrique en dépassant le cap Bojador (Sahara occidental) en 1434, puis le Cap-Vert en 1445, découvrant l'embouchure du Sénégal. En 1471, ils franchissent la ligne de l'Équateur, mais personne ne sait encore où se termine l'Afrique. Enfin, le navigateur Bartolomeu Dias (vers 1450-1500) dépasse le cap de Bonne-Espérance en 1488, ouvrant la route vers l'océan Indien. En quelques décennies, le Portugal lance l'Europe dans le plus palpitant des voyages : celui des grandes découvertes.

LA DÉCOUVERTE DE L'AMÉRIQUE ET LE PARTAGE DU MONDE

Devancée dans le domaine maritime par le Portugal pendant plusieurs décennies, l'Espagne, qui en a fini avec la *Reconquista* en 1492, entend bien se lancer à son tour dans l'expansion outre-mer. L'homme qui incarne ce désir n'est autre que Christophe Colomb (1450/1451-1506), un navigateur génois au projet des plus ambitieux.

Alors que les Portugais s'efforcent patiemment de contourner l'Afrique en quête de la route des Indes, Christophe Colomb est persuadé de pouvoir les atteindre par l'ouest en traversant l'Atlantique. Bafoué par le roi du Portugal, qui refuse de financer son projet, le navigateur entre au service de l'Espagne et, le 3 août 1492, part pour l'inconnu. Le 12 octobre, une nouvelle terre est en vue. Contrairement à ce que pense Christophe Colomb, il ne s'agit pas de l'Asie. Sa découverte est tout autre, mais n'en est pas moins colossale : le navigateur vient d'atteindre, sans le savoir, un nouveau continent, l'Amérique.

Cette découverte fait entrer l'Espagne de manière durable dans l'exploration et l'expansion maritime, ce qui n'est pas sans provoquer une véritable rivalité tant politique que commerciale avec le Portugal. Consciente que les Indes sont en passe d'être atteintes par l'est par les Portugais, l'Espagne souhaite se réserver le droit de souveraineté sur les nouveaux territoires situés à l'ouest sans avoir à les partager avec son voisin. Les souverains espagnols Isabelle de Castille (1451-1504) et Ferdinand II d'Aragon (1452-1516) s'en remettent dès lors au pape, seule véritable autorité pouvant décider d'un tel litige. Le 4 mai 1493, le pape Alexandre VI (1431-1503) donne raison à l'Espagne dans sa bulle *Inter caetera* en lui attribuant toute nouvelle terre découverte à 100 lieues au-delà du Cap-Vert.

Ce premier partage du monde ne satisfait pas le Portugal. De difficiles négociations débutent alors entre les deux pays en vue de réviser la ligne de démarcation. Le 7 juin 1494, les différents souverains signent le traité de Tordesillas, qui établit un nouveau partage du monde entre l'Espagne et le Portugal. Grâce à ce traité, le roi du Portugal, Jean II, parvient à repousser la ligne à 370 lieues au-delà du Cap-Vert. Toutes les terres à découvrir se trouvant à l'est de cette ligne sont désormais sous souveraineté portugaise.

On est toutefois en droit de se demander quelles étaient les véritables raisons cachées derrière la volonté portugaise de déplacer la ligne. Se réservant la route de l'est par l'Afrique, le Portugal n'a en effet nullement besoin de plus d'espace dans l'Atlantique pour faire passer ses navires. Le royaume soupçonnait-il la présence de terres entre les lignes des 100 et des 370 lieues, ou en était-il déjà convaincu ? Il est aujourd'hui encore impossible de répondre à cette question et, officiellement, les motivations du roi sont de garantir au maximum les navigations vers l'est. Avec le traité de Tordesillas, le Portugal obtient nonobstant, qu'il le sache ou non, le Brésil.

VASCO DE GAMA ET LA ROUTE DES ÉPICES

Outre les raisons évoquées, l'une des motivations principales de l'expansion européenne n'est autre que la recherche et le contrôle du marché des épices. Ces denrées provenant d'Orient sont à l'époque les produits les plus chers que l'on puisse trouver en Europe du fait de leur rareté et de leur acheminement difficile. Réussir à contrôler un tel commerce est donc gage de prospérité économique.

Par conséquent, le Portugal entend bien parvenir à trouver sa propre route menant aux contrées riches en épices en contournant l'Afrique. Sa motivation est par ailleurs accrue par la chute de Constantinople, en 1453. En constante expansion depuis des siècles, l'Empire ottoman finit par sonner le glas de l'Empire byzantin en s'emparant de sa capitale, véritable passerelle entre l'Orient et l'Occident. Cet événement aux répercussions multiples a pour effet d'augmenter les taxes sur les produits venus d'Asie, voire d'entraîner la fermeture de certaines routes commerciales désormais aux mains des Ottomans. L'Europe n'a dès lors plus qu'un seul désir : trouver elle-même la route des Indes et se débarrasser de l'intermédiaire musulman.

La quête des épices est de longue haleine. Pendant des décennies, les Portugais descendent les côtes africaines à la recherche d'un passage vers les Indes. Certes en 1488, le cap de Bonne-Espérance est atteint, mais les épices sont encore loin, si bien que lorsque Christophe Colomb découvre l'Amérique, personne n'a encore trouvé les Indes. Pour les Portugais, qui ne sont plus seuls dans la course, il est temps de redoubler les efforts. En 1497, Vasco de Gama prend la tête d'une petite flotte avec l'espoir de trouver la route tant convoitée. Descendant les côtes de l'Afrique, il passe le cap de Bonne-Espérance et entame la traversée de l'océan Indien. Le 21 mai 1498, il atteint le port de Calicut : les Portugais ont enfin trouvé le marché aux épices.

L'EXPÉDITION

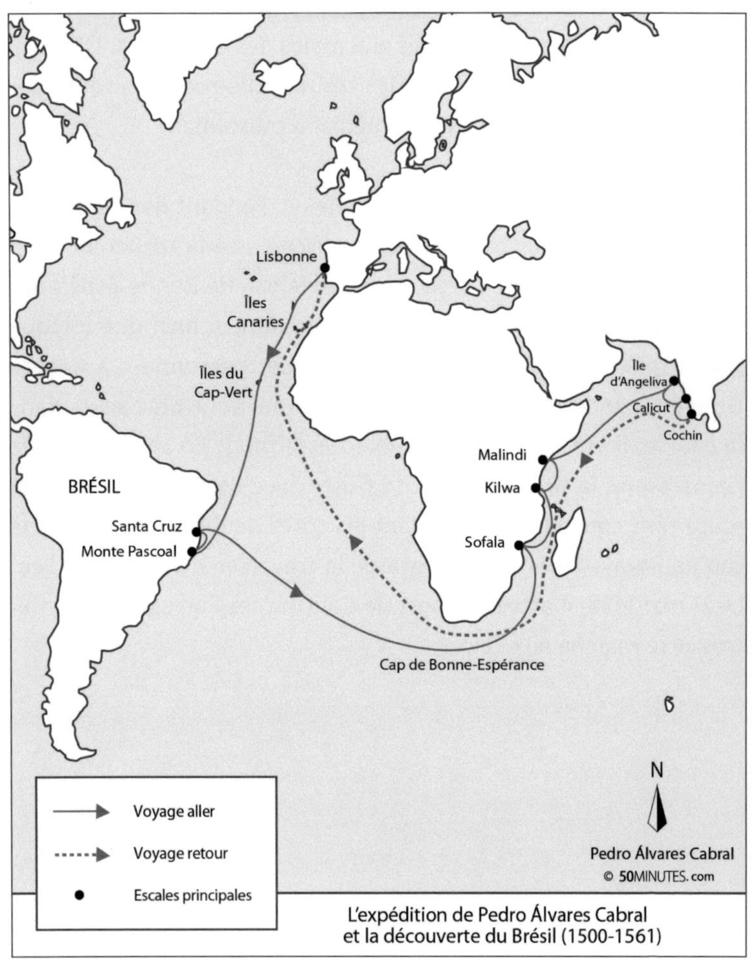

L'expédition de Pedro Álvares Cabral
et la découverte du Brésil (1500-1561)

LES PRÉPARATIFS

À son retour, Vasco de Gama est accueilli en héros, même si les positions portugaises aux Indes sont encore fragiles. Il est dès lors crucial de les renforcer au plus vite. Le roi Manuel Ier ordonne

donc immédiatement la mise sur pied d'une nouvelle expédition.
Les moyens sont à la mesure de la découverte : ce ne sont pas moins
de 13 navires, dont dix caraques et trois caravelles, qui sont envoyées.

La caraque est à l'époque le navire le mieux adapté pour le commerce
maritime. Proche de la nef, ce type de navire est pourvu d'un grand
tonnage, ce qui lui permet de transporter de grandes quantités de
marchandises. La caravelle est, quant à elle, bien moins lourde et
plus petite. Ces caractéristiques la rendent dès lors plus rapide et
facilitent les manœuvres près des côtes. C'est pourquoi elle devient
rapidement le navire phare de l'exploration. Partant en éclaireur
devant les convois, elle repère les routes maritimes et permet une
exploration minutieuse des côtes connues ou non.

Vasco de Gama souhaitant se reposer après son long périple, le commandement de la flotte échoue à Pedro Álvares Cabral. Chaque
navire dispose néanmoins de son propre capitaine :

- le vaisseau-chef est dirigé par Pedro Álvares Cabral ;
- les vaisseaux sous-chef par Sancho de Tovar (vers 1470-1545),
  Pedro de Ataide (vers 1450-1504),
  Nuno Leitão da Cunha, Nicolau Coelho (vers 1460-1504), Simão
  de Miranda (mort en 1515), Vasco de Ataide, Bartolomeu Dias,
  Luis Pires (mort en 1500), Aires Gomes da Silva (mort en 1500),
  Simão de Pina (mort en 1500) et Diogo Dias ;
- le vaisseau chargé de provisions par Gaspar de Lemos.

La majorité d'entre eux est noble et dépourvue de compétences en
matière de navigation, mais la pratique est courante à l'époque. Seuls
les frères Dias et Nicolau Coelho se sont illustrés dans de précédents
voyages. Enfin, les navires comptent à leur bord un équipage d'envi-
ron 1 500 hommes composé de marins, mais également de soldats
et de membres du clergé.

Afin que la mission soit une réussite, Pedro Álvares Cabral reçoit de nombreux conseils et toutes les indications nécessaires de la part de Vasco de Gama, qui lui suggère également d'effectuer ce qu'on appelle la « grande volta », une technique de navigation qui mènera la flotte jusqu'au Brésil.

LA DÉCOUVERTE DU BRÉSIL

Fort de sa puissante flotte, Pedro Álvares Cabral prend le départ depuis Lisbonne le 9 mars 1500. Il rejoint d'abord les îles Canaries le 14 mars, puis les îles du Cap-Vert le 22 mars. Le lendemain, la flotte connaît un premier revers : le navire commandé par Vasco de Ataide est introuvable. Durant deux jours, les autres navires se lancent à sa recherche, en vain. S'est-il perdu en mer ? A-t-il déserté ? Cabral l'ignore, et décide de poursuivre son chemin malgré tout.

Le navigateur suit les recommandations de Vasco de Gama à la lettre et met le cap vers le sud-ouest afin d'effectuer la grande volta. Mais les courants maritimes poussent les navires plus loin que prévu vers l'ouest. Treize jours après avoir franchi l'Équateur, le 22 avril 1500, une terre encore inconnue surplombée d'un mont apparaît à l'horizon. Aussitôt la vigie crie les mots qui exaltent les marins : « Terre ! Terre ! » Pedro Álvares Cabral baptise la colline Monte Pascoal en l'honneur des fêtes de Pâques. Il vient de découvrir le Brésil.

La Découverte du Brésil, peinture d'Aurélio de Figueiredo, 1900.

Cette découverte suscite l'agitation à bord des navires. Après une réunion avec ses compagnons, Cabral envoie Nicolau Coelho explorer les lieux. À peine celui-ci arrivé sur la plage, des hommes nus à la peau cuivrée recouverte de tatouages et munis d'arcs et de flèches font leur apparition. Aucun incident n'a lieu entre Portugais et Indiens, qui se montrent des plus amicaux. Les conditions climatiques viennent néanmoins compromettre la rencontre. En effet, une violente tempête balaye les navires durant la nuit du 23 au 24 avril, ce qui pousse la flotte à rechercher un endroit abrité plus au nord. Le choix se porte sur une petite baie en bordure de l'immense forêt rebaptisée Porto Seguro (« Port Sûr »).

Pedro Álvares Cabral met à son tour pied à terre et rencontre des indigènes tout aussi pacifiques que les précédents. Le navigateur nomme cette nouvelle terre « Vera Cruz », qui deviendra « Santa Cruz », sans savoir s'il s'agit d'une île ou de la terre ferme. Le 26 avril, il ordonne la construction d'un autel pour célébrer la messe et convertir les indigènes au christianisme. Les jours suivants, le commandant demande à l'équipage de s'approvisionner et ordonne la construction d'une immense croix en bois. Effectuant les calculs nécessaires, le navigateur confirme par ailleurs que les terres découvertes sont bel et bien dans la sphère du Portugal. Le 1ᵉʳ mai, la croix est érigée et Santa Cruz est officiellement revendiquée par le Portugal. Le lendemain, Pedro Álvares Cabral décide de reprendre la route des Indes. Il renvoie néanmoins le navire de Gaspar de Lemos à Lisbonne pour rapporter l'immense découverte effectuée.

LE DRAME AU LARGE DU CAP DE BONNE-ESPÉRANCE

Afin de poursuivre la grande volta, Cabral se dirige au sud-est vers le cap de Bonne-Espérance. Mais le voyage s'annonce dangereux, puisque le navire ne peut faire escale. Lorsque le 12 mai, une comète fait son apparition dans le ciel, pour les marins il s'agit d'un mauvais présage. L'avenir leur donnera raison. Le 24 mai, la flotte entre dans la zone de haute pression de l'Atlantique Sud, synonyme de mauvais temps. Dans l'impossibilité de faire demi-tour, l'expédition est alors submergée par une violente tempête. C'est le drame : quatre navires, succombant aux vents violents et à la mer déchaînée, coulent sous les yeux impuissants des autres navires. Pas moins de 380 hommes périssent dans la tempête au large du cap de Bonne-Espérance, dont Bartolomeu Dias qui, ironie du sort, trouve la mort à l'endroit qui l'avait rendu célèbre douze ans plus tôt.

Pour les sept navires restants, le calvaire est loin d'être terminé. Pendant plusieurs jours, les vagues et les vents continuent de détériorer les coques et les mâts. La flotte se retrouve divisée en trois groupes : un navire seul et deux groupes de trois. Pedro Álvares Cabral ne baisse toutefois pas les bras. Il passe le cap de Bonne-Espérance et entame la remontée de la côte africaine. Le 16 juillet, il atteint enfin le port de Sofala (Mozambique) où les réparations urgentes commencent. Quatre jours plus tard, le deuxième groupe de trois navires rejoint la flotte. Quant au dernier, commandé par Diogo Dias, il erre jusque Madagascar, encore inconnue, avant de prendre le chemin du retour.

Une fois les réparations terminées, la flotte réduite à six navires, prend la direction de Kilwa (Tanzanie), la ville la plus importante et la plus riche de l'Afrique de l'Est. Pedro Álvares Cabral espère bien en tirer profit en faisant signer un traité commercial au dirigeant de la cité. Arrivé le 26 juillet, le navigateur n'arrive cependant pas à convaincre le roi de Kilwa des bienfaits d'une alliance commerciale avec les Portugais. La flotte décide dès lors de poursuivre son chemin vers le nord et atteint Malindi (Kenya) le 2 août. Recevant un accueil bien plus chaleureux de la part du roi de Malindi, l'expédition y reste plusieurs semaines avant de reprendre la mer pour Calicut. Le 22 août, la flotte atteint l'île d'Angediva, près de Goa (État situé sur la côte sud-ouest de l'Inde), pour les derniers préparatifs. Enfin le 13 septembre 1500, Pedro Álvares Cabral entre dans le port de Calicut, donnant accès au marché des épices.

LA SOUMISSION DE CALICUT

Certes, l'expédition a atteint son but, mais il faut encore établir un comptoir commercial afin d'assurer la liaison entre les Indes et le Portugal. Pour ce faire, il lui faut convaincre le zamorin de Calicut (le raja de la cité) d'y autoriser les Portugais. Après de longues négociations, Pedro Álvares Cabral arrive à ses fins. En signe d'amitié, il engage ses troupes au service du zamorin, notamment en capturant un navire indien opposé à son autorité. Pour les Portugais, la mission semble donc accomplie.

Si l'accès au marché des épices enchante les Portugais, ce n'est pas le cas des commerçants arabes, qui y voient la fin de leur monopole commercial sur les denrées orientales. Le 16 décembre 1500, ils décident d'attaquer le petit comptoir. Parmi les septante Portugais présents, cinquante sont tués dans les combats. Les vingt autres regagnent les navires de la flotte à la nage. Pour Cabral, l'incompréhension est totale : il imagine que ce désastre est le fruit de la jalousie et de la méfiance des marchands arabes.

Rendus furieux par la traîtrise du zamorin – qui a probablement soutenu l'attaque du comptoir – et la perte de tant d'hommes, les Portugais ne pensent plus qu'à une chose : la vengeance. Après un délai de 24 heures, une dizaine de navires arabes sont arraisonnés par les hommes de Pedro Álvares Cabral. Leurs marchandises sont confisquées au profit du Portugal, les hommes d'équipage sont massacrés et les navires incendiés. La ville subit elle aussi la fureur des Européens. Conscient de la traîtrise de Calicut, Cabral ordonne à ses navires de bombarder la cité durant une journée entière. Désarmée face à l'artillerie européenne, la ville subit de nombreux dommages. Le navigateur décide ensuite de reprendre la mer pour atteindre Cochin le 24 décembre. Ce petit port repéré par Vasco de Gama constitue le dernier espoir des Portugais de remplir leur mission.

LE RETOUR AU PAYS

La petite ville, alors vassale du zamorin de Callicut, s'avère bien plus amicale. En apprenant ce que les Portugais ont fait subir à Calicut, les autorités de Cochin y voient une opportunité de réaliser leur désir d'indépendance. Le roi de la ville autorise donc l'établissement d'un comptoir commercial aux Portugais et remplit même leurs navires d'épices. Mais du côté de Calicut, la riposte gronde. Le zamorin a mis sur pied une flotte de huit navires chargés d'arrêter Pedro Álvares Cabral. Même si les Portugais estiment être en mesure de la détruire, il est temps pour eux de rentrer au pays.

Après un arrêt à Cannanore pour effectuer les derniers achats, la flotte quitte définitivement les Indes le 16 janvier 1501 en direction de l'Afrique. Les ennuis ne sont cependant pas terminés. Sur la route, un des navires heurte un banc de sable. Ne pouvant être dégagé, le vaisseau est incendié avec sa précieuse cargaison une fois l'équipage sauvé. Seuls cinq navires rentreront au pays. Arrivée au Mozambique, la flotte fait de nouvelles provisions pour passer le cap de Bonne-Espérance et rejoindre le Portugal.

La flotte est ensuite divisée. Un des navires est envoyé à Sofala (Mozambique) pour explorer la province. Un autre est chargé de partir en avant afin d'avertir le roi de la réussite de l'expédition. Il arrive à Lisbonne le 23 juin 1501. Les trois autres, dont celui de Pedro Álvares Cabral, entament ensuite à tour de rôle leur retour. Mais, au passage du cap de Bonne-Espérance, un des navires est séparé de la flotte restante. C'est donc avec seulement deux navires que Cabral remonte l'Afrique et atteint le Cap-Vert. Là, il retrouve le navire de Diogo Dias, perdu depuis un an. Les deux autres navires restants finissent de même par les rejoindre. Enfin entre le 21 et le 27 juillet 1501, les navires rescapés remplis d'épices font une arrivée triomphale à Lisbonne.

Certes, six navires ont été perdus durant l'expédition et deux sont rentrés vides, mais pour Pedro Álvares Cabral, l'expédition reste une réussite : la route vers les Indes est bel et bien ouverte.

RÉPERCUSSIONS

UN NOUVEAU CONTINENT

Lorsque Pedro Álvares Cabral atteint les côtes brésiliennes, l'Europe n'a pas encore conscience qu'elle vient de découvrir un nouveau continent. Christophe Colomb, qui effectue son troisième voyage entre mai 1498 et août 1500, pense toujours avoir atteint l'Asie. Si d'autres explorateurs, à l'instar d'Alonso de Hojeda (navigateur et conquistador espagnol, 1468 ou 1470-1515/1516) qui découvre les côtes vénézuéliennes en 1499, rapportent quantité d'informations suggérant qu'il s'agit d'un nouveau continent, personne n'a encore clairement tranché la question. La découverte du Brésil va mettre un terme à cette polémique.

Le 2 mai 1500, Cabral quitte le Brésil, mais charge Gaspar de Lemos de retourner au Portugal afin d'annoncer la découverte au roi Manuel Ier. Même si les informations recueillies par le navigateur et ses hommes ne permettent pas de déterminer s'il s'agit d'une île ou de la terre ferme, la nouvelle enchante le monarque. Sans attendre, il ordonne la mise sur pied d'une petite flotte pour reconnaître les terres découvertes. Parmi ces hommes se trouve Amerigo Vespucci (1454-1512).

La flotte quitte Lisbonne en mai 1501, au moment même où Pedro Álvares Cabral remonte la côte africaine. Arrivée sur les côtes brésiliennes au niveau du 5e degré de latitude sud, elle descend la côte en continu jusqu'au 26e degré. Pour Amerigo Vespucci, il n'y a plus de doute. Cumulant les données vénézuéliennes et brésiliennes, la masse des terres découvertes est bien trop importante pour qu'il s'agisse d'une simple île. Le Nouveau Monde est un continent. Quelques années plus tard, le navigateur formule ces idées par écrit, bouleversant à jamais notre conception du monde et de la géographie. La postérité retiendra son nom pour nommer le nouveau continent : l'Amérique.

LA COLONISATION DU BRÉSIL

Bien que la terre de Santa Cruz soit revendiquée par le Portugal dès 1500, il faut attendre plusieurs décennies avant que le territoire ne soit réellement colonisé. Au moment de la découverte, les Portugais sont en effet tournés vers l'Afrique et les Indes. De plus, contrairement à la colonisation espagnole, la colonisation portugaise ne se caractérise pas par des colonies de peuplement, mais plutôt par l'établissement de comptoirs commerciaux gardés par un nombre limité d'hommes.

La découverte de Pedro Álvares Cabral ne tombe pas pour autant dans l'oubli. Le roi Manuel Ier envoie plusieurs expéditions afin de reconnaître les éventuelles richesses de ce nouveau territoire. Au premier abord, les données collectées sont décevantes. Les indigènes ne disposent pas de réels objets de valeur qui permettraient le commerce. Néanmoins, la terre de Santa Cruz possède une ressource en abondance : le bois brésil. Ce type de bois, dont l'écorce et le cœur rouge comme la braise serviront pour la teinture textile, est une véritable aubaine pour le Portugal, qui manque cruellement de ce matériau depuis la fin du Moyen Âge. Le pays en a par ailleurs besoin pour la construction de ces navires qui partent aux quatre coins du monde. La terre, qui prend très vite le nom de Brésil en référence à son bois, trouve ainsi sa première vocation.

La véritable colonisation ne débute que dans les années 1530 sous l'impulsion de Martim Afonso da Sousa (capitaine et administrateur portugais, vers 1500-1564). Les terres fertiles du Brésil sont alors reconverties dans la production de canne à sucre, dont les Portugais sont passés maîtres après des décennies d'exploitations similaires à Madère et aux Açores. De grandes exploitations sucrières voient ainsi le jour, nécessitant une main-d'œuvre importante. Les colons portugais font alors leur arrivée sur ces terres, accompagnés de centaines d'esclaves, d'abord indigènes puis africains, dont le nombre ne cessera d'augmenter jusqu'au XIXe siècle.

Enfin la prospérité définitive du Brésil est acquise au début du XVIIIe siècle avec la découverte de fabuleux gisements d'or et de diamant. Le « cycle de l'or », bien qu'il ne remplace pas la colossale industrie de sucre, finit par coloniser les dernières terres de cet immense territoire.

LA NAISSANCE D'UN EMPIRE

Outre la découverte du Brésil, le voyage de Cabral confirme l'ouverture de la route des Indes réalisée précédemment par Vasco de Gama. Contrairement à son prédécesseur, le navigateur ne retournera jamais aux Indes. Il n'empêche que par l'établissement du premier comptoir commercial portugais à Cochin, Cabral contribue à la progressive expansion de son pays dans la région.

Durant la première décennie du XVIe siècle, les Portugais, sous le commandement de Francisco de Almeida (vice-roi des Indes, vers 1450-1510) puis d'Alphonse d'Albuquerque (vice-roi des Indes, 1453-1515), prennent peu à peu le contrôle du commerce des épices. D'Ormuz (île iranienne du golfe Persique) à Malacca (péninsule d'Asie du Sud-Est), sans oublier les riches îles aux épices des Moluques, ils s'implantent ainsi durablement dans l'océan Indien, faisant échec à toute résistance des commerçants musulmans ou hindous.

En dehors de la découverte du Brésil, l'histoire retiendra peu de chose de Pedro Álvares Cabral. Sa découverte et son voyage jettent pourtant les bases d'un puissant empire commercial portugais : celui des Indes et du Brésil.

EN RÉSUMÉ

Vers 1467	Naissance de Cabral
1499	Retour de Vasco de Gama
9 mars 1500	Départ de Cabral depuis Lisbonne
22 avril 1500	Cabral découvre le Brésil
24 mai 1500	Quatre navires sont perdus au cours d'une tempête
13 sept. 1500	Cabral atteint Calicut
16 déc. 1500	Destruction du comptoir espagnol de Calicut
21-27 juil. 1501	Retour de Cabral à Lisbonne
Vers 1520	Mort de Cabral

- Pedro Álvares Cabral naît à Belmonte aux alentours de 1467. Issu d'une riche famille noble, il entre à la cour du Portugal au service des monarques Jean II puis Manuel Ier, avec lequel les relations sont des plus amicales.

- En 1499, Vasco de Gama rentre des Indes après avoir trouvé la route des épices. Souhaitant renforcer la présence portugaise aux Indes, le roi Manuel Ier ordonne immédiatement la mise sur pied d'une nouvelle expédition, dont le commandement est attribué à Cabral.

- Fort d'une flotte de 13 navires, le navigateur prend le départ depuis Lisbonne le 9 mars 1500. Passant par les Canaries et les îles du Cap-Vert, il met ensuite le cap au sud-ouest en vue d'effectuer la grande volta.

- Mais les navires dévient bien plus à l'ouest que prévu, si bien que, le 22 avril 1500, la flotte de Pedro Álvares Cabral découvre le Brésil. Cette nouvelle terre située dans la zone de souveraineté portugaise servira désormais d'escale pour les navigateurs se rendant aux Indes.

- Après avoir noué des premiers contacts avec les indigènes et revendiqué officiellement la découverte au nom du Portugal, Cabral reprend la mer le 2 mai en mettant le cap au sud-est afin de rejoindre le cap de Bonne-Espérance.

- Au large du cap, le 24 mai, la flotte est confrontée à une violente tempête qui a raison de quatre navires. 380 hommes succombent, dont Bartolomeu Dias. Les autres vaisseaux endommagés rejoignent Sofala pour les réparations.

- La flotte poursuit ensuite son périple vers les Indes en passant successivement par Kilwa, Malindi et l'île d'Angediva. Enfin le 13 septembre 1500, l'expédition atteint Calicut, porte du marché aux épices.

- Les Portugais réussissent à convaincre le dirigeant de la ville de les laisser établir un comptoir commercial. Toutefois, l'opposition des marchands arabes est grandissante et, le 16 décembre, ces derniers détruisent le comptoir, engendrant la mort de 50 Portugais.

- Assimilant cet acte à une traîtrise de la ville, Cabral ordonne la destruction de dix navires arabes et le bombardement de Calicut durant une journée entière. Il prend ensuite la direction de Cochin, où il peut enfin établir un comptoir dans de bonnes conditions.

- Une fois les cales des navires remplies d'épices, le navigateur entame le long retour vers le Portugal le 16 janvier 1501. La flotte atteint Lisbonne entre le 21 et le 27 juillet 1501.

- Malgré l'importance de sa découverte, Pedro Álvares Cabral ne reprendra jamais la mer. Désavoué par la cour, il se retire sur ses terres où il meurt à Santarém vers 1520.

POUR ALLER PLUS LOIN

SOURCES BIBLIOGRAPHIQUES

- BENNASSAR (Bartolomé) et MARIN (Richard), *Histoire du Brésil. 1500-2000*, Paris, Fayard, 2000.
- « Cabral, Pedro Álvares » in HOWGEGO (Raymond John), *Encyclopedia of exploration to 1800*, Sidney, Hordern House, 2003.
- CHAUNU (Pierre), *Conquête et exploitation des Nouveaux Mondes (XVIe siècle)*, Paris, PUF, 1969.
- FAVIER (Jean), *Les grandes découvertes d'Alexandre à Magellan*, Paris, Fayard, 1991.
- FONTOURA DA COSTA (Abel), *La découverte du Brésil en 1500, 22 avril, date historique ; 3 mai, date conventionnelle*, Lisbonne, Sociedad nacional de tipografia, 1938.
- GREENLEE (William Brooks), *The Voyage of Pedro Álvares Cabral to Brazil and India from Contemporary Documents and Narratives*, London, Hakluyt Society, 1938.
- MENDES DOS SANTOS (Ilda), *La découverte du Brésil : les premiers témoignages*, Paris, Chandeigne, 2000.
- SUBRAHMANYAM (Sanjay), *L'empire portugais d'Asie, 1500-1700. Une histoire économique et politique*, Paris, Maisonneuve et Larose, 1999.

SOURCES COMPLÉMENTAIRES

- BAQUÉ (Jean-François), *La conquête des Amériques. XVe-XVIe siècles*, Paris, Perrin, 1991.
- « Les découvertes géographiques des Portugais aux XVe et XVIe siècles », in *Histoire universelle. L'ère des découvertes européennes*, t. 13, Paris, Hachette, 2006.

- McClymont (James Roxburgh) et Pedraluarez Cabral (Pedro Alluarez de Gouvea), *His orogenitors, His Life and His Voyage to America and India*, London, Bernard Quaritch, 1914.
- Newitt (Malyn), *A History of Portuguese Overseas Expansion, 1400-1668*, London, Routledge, 2005.
- Teyssier (Paul) et Valentin (Paul), *Voyages de Vasco de Gama. Relations des expéditions de 1497-1499 et 1502-1503*, Paris, Chandeigne, 1998.

SOURCE ICONOGRAPHIQUE

- *La Découverte du Brésil*, peinture d'Aurélio de Figueiredo, 1900. La photo reproduite est réputée libre de droits.

DOCUMENTAIRE

- *Carnets du Brésil : Histoire d'une colonisation*, documentaire de Luis Miranda, France, 2011.

MUSÉE ET MONUMENTS COMMÉMORATIFS

- Réplique de la caraque de Pedro Álvares Cabral à Porto Seguro (Brésil).
- Monument à Pedro Álvares Cabral à Lisbonne (Portugal).
- Tombe de Pedro Álvares Cabral à Santarém (Portugal).
- Musée de la découverte du Nouveau Monde à Belmonte (Portugal).
- Château de la famille Cabral situé à Belmonte (Portugal).

50MINUTES
Art & Littérature
Business & Economics
Histoire & Société

www.50minutes.com

Éditeur responsable : Lemaitre Publishing
Rue Lemaitre 4 | BE-5000 Namur
info@lemaitre-editions.com

ISBN ebook : 978-2-8062-5467-2
ISBN papier : 978-2-8062-5645-4
Dépôt légal : D/2015/12603/132
Photo de couverture : © *Desembarque de Pedro Álvares Cabral em Porto Seguro*, par Oscar Pereira da Silva.

Conception numérique : Primento,
le partenaire numérique des éditeurs